ASSEMBLÉE NATIONALE.

SESSION DE 1848.

DISCOURS

DE

M. DE MONTALEMBERT,

REPRÉSENTANT DU DOUBS,

SUR LA LIBERTÉ D'ENSEIGNEMENT,

DANS LA DISCUSSION DE L'ARTICLE 8 DU PROJET DE CONSTITUTION.

Séances des 18 et 20 septembre 1848.

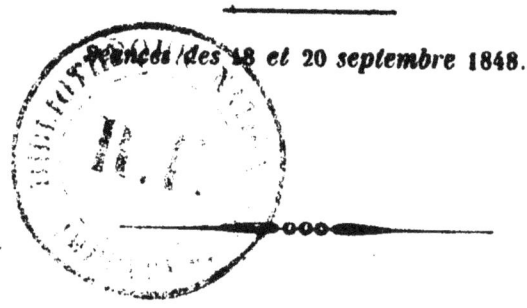

PARIS,
JACQUES LECOFFRE ET Cie, LIBRAIRES,

RUE DU VIEUX-COLOMBIER, 29,
Ci-devant rue du Pot-de-Fer Saint-Sulpice, 5.

1848.

ASSEMBLÉE NATIONALE.

SESSION DE 1848.

DISCOURS

DE

M. DE MONTALEMBERT,

REPRÉSENTANT DU DOUBS,

SUR LA LIBERTÉ D'ENSEIGNEMENT,

DANS LA DISCUSSION DE L'ARTICLE 8 DU PROJET DE CONSTITUTION.

Séance du 18 septembre 1848.

M. DE MONTALEMBERT. Le but de notre amendement est de faire disparaître une équivoque dont nous souffrons depuis dix-huit ans. En effet, la liberté de l'enseignement avait été promise et garantie par la charte de 1830; mais les termes équivoques de cette promesse ont été cause que nous ne l'avons pas obtenue jusqu'à ce jour.

En demandant à l'Assemblée d'insérer le droit d'enseigner parmi les droits propres et naturels aux citoyens français.....

M. PASCAL DUPRAT. Sans condition?

M. DE MONTALEMBERT. Non, pas sans condition; vous verrez sous quelle restriction..... Nous avons l'intention de faire disparaître l'article 9, qui constitue une sorte de restriction spéciale pour ce droit; mais nous maintenons pour l'enseignement, comme pour la presse, comme pour l'association, comme pour le droit de réunion, la réserve stipulée dans l'art. 8 que vous discutez en ce moment, et qui est ainsi conçu :

« L'exercice de ces droits n'a pour limite que les droits et la liberté d'autrui ou la sécurité publique. »

Nous ne voulons pas de la surveillance de l'État telle qu'elle semble être définie ou indiquée dans l'art. 9, et pourquoi? Ce n'est pas, croyez-le bien, ce n'est pas la surveillance générale et supérieure de l'État que nous refusons, pas le moins du monde; nous l'acceptons sans limite et sans réserve; mais nous ne voulons pas de ce qu'on a appelé jusqu'à ce jour la surveillance de l'État en matière d'enseignement, c'est-à-dire d'une surveillance exercée par des rivaux, par des concurrents; nous ne voulons pas, pour le libre enseignement, d'une surveillance qui, appliquée à la liberté de la presse, la ferait surveiller par des journalistes à la solde du Gouvernement et dans l'intérêt exclusif des idées professées par le Gouvernement.

Nous ne voulons pas non plus des mots : « Sous la garantie des lois, » que porte l'art. 9, parce qu'il ne s'agit pas, d'après les explications qui nous ont été données dans les bureaux, il ne s'agit pas de lois protectrices de la liberté, mais de lois préventives et restrictives, comme l'ont été toutes celles qui ont été présentées sur ce sujet pendant le régime de Juillet.

Voilà pourquoi nous vous demandons d'inscrire, dès à présent, le droit de l'enseignement dans l'art. 8, et de l'assimiler, quant aux principes et quant aux réserves, à la liberté de la presse, à la liberté de l'association et à la liberté de réunion.

Nous contestons le droit spécial de l'État en matière d'enseignement; nous n'admettons pas que l'État ait sur l'enfant un droit qu'il n'a pas sur le père; il a le même droit sur l'enfant que sur le père, mais pas un autre droit; et de même qu'il ne lui est pas permis d'imposer ses idées, ses croyances, sa manière de voir au père de famille, à l'homme fait, il n'a pas non plus ce droit, cette mission à l'égard de l'enfant. On peut même dire, à la rigueur, que le père, l'homme fait, le citoyen, est redevable à l'État, dans une certaine proportion, de sa liberté, que l'État lui garantit; mais il n'en est pas de même de sa paternité. C'est de Dieu et de la nature qu'il tient son droit de père, comme son âme, comme sa conscience, comme son intelligence, et quand l'État fait intervenir la main de sa police ou la férule de ses pédagogues entre moi et mon enfant, il viole ma liberté dans son asile le plus sacré, et il commet envers moi l'usurpation la plus coupable. (Mouvement.)

Quel est donc le droit de l'État dans l'enseignement? Celui de la surveillance générale pour tout ce qui touche à la liberté d'autrui et à la sécurité publique. Nous l'accordons, tout le monde est d'accord là-dessus. Il a même un autre droit que je lui reconnais : c'est celui de suppléer à la négligence ou à l'indigence du père de famille; oui, il y a là droit et un devoir pour l'État. Quand le père de famille néglige de remplir son devoir ou quand il en est incapable par sa pauvreté, l'État doit et peut intervenir pour donner cet enseignement que le père de famille ne veut ou ne peut pas donner. Mais de là à se substituer partout et toujours au père de famille, c'est-à-dire à établir ce qui existe en France depuis cinquante ans, le monopole de l'enseignement, monopole avoué ou déguisé comme il l'eût été par les lois relatives à la liberté de l'enseignement qu'on a proposées jusqu'à présent, il y a un abîme; cet abîme, l'État l'a constamment franchi en France, et il le franchirait encore si vous ne le lui interdisiez dès à présent dans la constitution.

Vous avez tous, Messieurs, une sainte et légitime peur du communisme. Savez-vous ce que c'est que le monopole de l'Université, le monopole de l'enseignement de l'État tel qu'il a été exercé jusqu'à nos jours? Rien autre chose que le communisme intellectuel. (Rires et murmures.) Oui, Messieurs, c'est opérer dans le domaine de la conscience et de l'esprit précisément ce que le communisme veut faire dans le domaine matériel. Qu'est-ce en effet que le communisme? C'est la doctrine par laquelle l'État se substitue aux propriétaires pour gouverner et diriger la propriété. Eh bien! le monopole de l'enseignement, c'est la doctrine par laquelle l'État se substitue au père de famille pour enseigner, pour élever ses enfants. Eh quoi! Messieurs, vous croyez que, lorsque vous aurez détruit cette forteresse de la liberté individuelle dans le cœur et dans l'intelligence de l'homme, vous pourrez maintenir dans l'ordre matériel cette forteresse de la liberté que constitue la propriété. Détrompez-vous. Il n'y a pas un des arguments qui ont été employés pour soutenir le monopole universitaire qui ne puisse être retourné, rétorqué avec le plus grand avantage contre la propriété individuelle. C'est toujours la même idée fatale, qui proclame l'omnipotence de l'État et le sacrifice de l'individu à la société.

J'ose dire que ces sentiments, que ce principe seraient

admis et reconnus par tous, s'il n'y avait pas au fond de cette question un préjugé, une prévention que j'ai toujours rencontrée, et que je vous demande la permission d'aborder de front.

On nous dit : Oui, la liberté de l'enseignement serait une chose excellente et légitime ; mais voici l'inconvénient, c'est que si on l'accordait, l'élément religieux dominerait tout l'enseignement de la France.

Voilà, Messieurs, ce qui m'a été objecté dans vos bureaux ; voilà l'objection que j'ai rencontrée sans cesse sur mon chemin pendant les longues luttes que j'ai livrées sur cette question avant de faire partie de cette Assemblée : elle est au fond de tous les cœurs ; vous devez le reconnaître ; vous ne devez pas m'en vouloir si je l'aborde avec une entière franchise, et c'est pour abréger cette discussion que je vais tout de suite au fond des choses, qui est là. (Parlez ! parlez !)

Je demande à tous les hommes de bonne foi dans cette enceinte de vouloir bien me suivre sur ce terrain, et même de m'y appuyer ; je le demande surtout à mes adversaires, aux adversaires de l'idée religieuse que je représente ; car ils doivent vouloir que le jour se fasse sur cette question. Il y a dans tous les partis des hypocrites, des courtisans : nous n'en sommes pas, ni vous ni moi ; soyons donc francs, sincères, et abordons, sans détour, cette grande, cette souveraine difficulté de la question. (Très-bien !)

On nous déclare donc que, si l'enseignement était libre, la France se jetterait tout entière dans les bras de l'enseignement religieux.

Eh bien ! Messieurs, cela n'est pas. (Mouvement en sens divers.) Quant à moi, je n'en crois rien (et ce n'est pas ici une simple formule, une hypocrisie de tribune) : je crois que si l'enseignement était libre, ni demain, ni jamais l'enseignement, tout l'enseignement, en France, ne serait entre les mains de la religion. Non, je n'en crois rien. Mais quand cela serait, de quel droit les représentants du peuple français viendraient-ils s'y opposer ? De quel droit pourraient-ils s'opposer à un résultat obtenu en vertu de la liberté seule, et qui serait le fruit de la volonté populaire ? Comment donc les représentants du peuple français, sous un régime qui est celui de la souveraineté de ce peuple, qui n'est plus celui de la capacité supérieure d'une certaine caste, ni celui du droit divin d'une certaine dynastie; comment oseraient-ils venir s'opposer à ce qui serait le résultat de la volonté du souverain lui-même?

Voilà une première réponse à l'objection, réponse fondée sur le droit; mais il en est une autre plus concluante encore, qui se fonde sur l'intérêt social. Est-il dans l'intérêt social de s'opposer à ce que l'enseignement religieux reprenne une juste influence, et la reprenne par la liberté, sans privilége, sans faveur, sans compression quelconque? car j'espère être assez connu de vous tous pour que vous soyez bien persuadés que, dans l'enseignement comme partout, je ne veux pas autre chose que la liberté et l'égalité la plus complète pour les idées que je représente? Est-il dans l'intérêt social qu'on vienne s'opposer, non à la prédominance, mais à la régénération de l'enseignement moral et religieux dans ce pays? Je dis que non; et je dis que l'intérêt social exige, au contraire, la propagation et l'affranchissement de cet enseignement.

Et ici je me trouve naturellement conduit à jeter, à mon tour, un coup d'œil sur l'état de la société. Je pourrais en faire la critique après toutes les critiques qui ont été apportées à cette tribune; je le pourrais d'autant plus, que, certes, ce ne sont ni mes idées ni mes croyances qui dominent dans la société moderne. Mais, je me hâte de le dire, après tant de hardis novateurs que vous avez entendus et que j'ai entendus, comme vous, avec un grand intérêt, je n'apporte aucune espèce d'innovation, je n'ai rien inventé. Je n'ai pas la prétention, comme on le disait l'autre jour, de refaire la société de haut en bas; je n'ai pas la prétention non plus de lui faire la guerre; tout au contraire.

La société, pour moi, et je crois pour tout bon citoyen, la société est toujours une mère et non pas une ennemie. (Très-bien!) Malheur à ceux qui lui déclarent une guerre sous prétexte de l'éclairer et de la guérir! (Nouvelle approbation.) Malheur à ceux qui viennent lui porter un remède ou une vérité au bout d'une épée! (Nouveau mouvement.) Même quand elle en est réduite à accepter ce remède et cette vérité, par un juste retour de la nature et de la conscience humaine, elle maudit ces mains parricides qui l'ont déchirée sous prétexte de la guérir. (Sensation.)

Quant à moi, je la crois menacée, je la crois malade, très-malade; mais je regarde toujours ses souffrances et ses infirmités comme celles d'une mère. En m'approchant de son lit de douleur, je suis tenté de m'agenouiller avec une tendresse filiale et respectueuse, et, à la vue de ses cruelles infirmités et de ses plaies sacrées, j'éprouve le besoin de les baiser avant d'étendre une main inexpérimentée pour essayer de les panser ou de les guérir. (Vive approbation.)

Voilà le sentiment qui m'anime en parlant de la société et de ses maux ; aussi, je le dis d'avance, s'il m'échappait quelque expression qui fût infidèle à ce sentiment tout filial et tout fraternel qui m'anime et qui doit animer tout législateur, je vous demande en grâce de l'arracher de votre souvenir comme je voudrais l'arracher d'avance de mon cœur et de ma pensée. (Très-bien ! très-bien !)

Je dis donc que la société est malade, qu'elle est menacée, et par quoi ? J'irai plus loin que je n'ai été tout à l'heure : je dis qu'elle est menacée non-seulement par le communisme, mais encore par le socialisme ; et j'entends par socialisme l'ensemble de doctrines et de principes qui déclarent la guerre à la société, à la civilisation moderne, à la civilisation chrétienne, telle qu'elle a été fondée sur le double principe de la propriété personnelle et de la liberté individuelle ; j'entends par socialisme toutes les doctrines, grandes ou petites, qui attaquent ces deux grands principes de la propriété personnelle et de la liberté individuelle.

Je sais bien qu'il y a des nuances infinies, qu'entre les deux pôles de ceux qui veulent tout détruire et de ceux qui veulent tout conserver, il y a une foule de degrés ; il y a ceux qui prétendent maintenir la propriété et qui lui portent les coups les plus dangereux, en la restreignant, en l'altérant, en lui demandant des impôts excessifs et progressifs pour des besoins chimériques ; il y en a d'autres qui attaquent la société de langage, avec une certaine âpreté qui inquiète, mais qui au fond veulent pour elle des réformes utiles et propres à la consolider. Les uns, ceux qui déguisent leur pensée, selon moi, vont grossir le flot des ennemis et des envahisseurs qui veulent confisquer l'individu au profit de la société ; les autres, qui donnent quelquefois à leur pensée une expression trop âpre, mais qui veulent des réformes sérieuses, populaires, charitables ; ceux-là, je les range parmi les défenseurs et les amis de la société.

Mais je n'ai pas à faire, dans ce moment-ci, ce départ :

vous en avez été assez occupés ces jours-ci, et vous en serez assez souvent occupés encore. Je dis seulement que la société dont nous faisons partie, la société qui est notre mère, est menacée par un ensemble de doctrines qui ne sont pas nouvelles, il s'en faut, qui sont très-anciennes, dont je n'ai pas besoin de vous faire la généalogie, mais qui ont aujourd'hui à leur disposition, non pas des idées nouvelles, mais des forces nouvelles, et des forces aussi redoutables que nouvelles, des forces qu'on avait crues satisfaites par la solution donnée aux difficultés sociales en 1789, mais qui ne sont pas satisfaites, mais qui, chaque jour, s'enflamment davantage, mais qui arment chaque jour contre la société, non pas dans cette enceinte (ne croyez pas que je parle ici des doctrines plus ou moins menaçantes qui ont été émises à cette tribune), mais qui au dehors de cette enceinte enflamment des millions de cœurs et arment peut-être des millions de bras contre la société. Voilà le danger. (Interruption.) A ceux qui en contestent l'existence, j'avoue que je n'ai rien à dire.

Eh bien! comment viendrez-vous à bout de ce danger? Voilà la question.

Je le répète: je n'insiste pas sur la démonstration du danger social, parce que, réellement, s'il fallait le démontrer après les épreuves par où nous avons passé il y a trois mois, je ne sais pas à qui ni devant qui j'aurais l'honneur de parler. Je suppose que ce danger est un fait acquis.

Je vous demande d'examiner avec moi où est le remède, et comment vous viendrez à bout d'atténuer et de neutraliser le danger.

Il y a une chose certaine, vous n'en viendrez pas à bout uniquement par la force. Le mal, tout le monde doit le reconnaître, est dans ces doctrines aujourd'hui populaires.

Les milliers de fusils qui étaient braqués il y a trois mois contre la République et contre la société, ils étaient, comme on l'a dit bien des fois, chargés avec des idées. Eh bien, quelles sont les idées que vous avez à leur opposer? Voilà la question; je n'en connais pas de plus grave.

S'il fallait encore insister sur l'impossibilité de venir à bout de ce danger moral par la force, par la force la plus légale, par la force la plus légitime, la mieux dirigée, la mieux combinée, mais, mon Dieu! je vous citerais un mot de celui qui a été au plus haut degré le génie de la force, de Napoléon. Écoutez ce que disait Napoléon précisément au plus haut de sa grandeur, et ce qu'il disait, à qui? au grand maître de son université, à celui auquel il avait recours pour diriger l'intelligence de son empire : « Savez-vous, Fontanes, ce que j'admire le plus dans le monde? c'est l'impuissance de la force à fonder quelque chose. Il n'y a que deux puissances dans le monde, le sabre et l'esprit... A la longue, le sabre est toujours battu par l'esprit. » (Sensation prolongée.)

Voilà, Messieurs, ce que disait Napoléon dans l'année même où il a organisé l'Université, en 1808, au chef de l'Université, et cela suffit, je pense, pour faire sentir le lien intime qui rattache l'ordre d'idées dans lequel je me place à la question même de l'enseignement.

Ainsi donc, selon l'homme du sabre par excellence, le sabre est toujours battu par l'esprit ; et votre sabre, c'est-à-dire l'épée de la République, quelles que soient les mains généreuses et glorieuses qui pourront la porter ; quelle que soit la force dont vous, législateurs, vous, représentants du peuple souverain, vous armiez cette épée, l'épée de la République sera impuissante si vous n'avez pas des doctrines, des idées, ce que l'Empereur appelait un esprit, à opposer à des idées, à des doctrines, à l'esprit qui vous menacent. (Mouvement prolongé en sens divers.)

Je sais bien que nous ne manquons pas, comme je le disais tout à l'heure, de novateurs plus ou moins hardis, qui disent qu'ils ont des doctrines qui feront le salut de la société, qui guériront ses maux. Mais nous ne les connaissons pas encore, ces doctrines, ou du moins nous ne les avons pas encore vues à l'œuvre.

Il faut au moins qu'on nous donne le temps d'attendre que ces doctrines se soient mises d'accord entre elles, qu'elles aient civilisé ou organisé au moins un village, qu'elles aient fondé quelque chose de pratique, de durable, de sérieux en Europe ou en Amérique, et alors on pourra les écouter ; on pourra leur marquer leur place dans la société et dans la lutte que je signale. Mais, jusque-là, je suis obligé de les regarder comme absentes ou comme impuissantes. Et comme la société ne peut pas attendre sans respirer, et que, pour elle, la respiration c'est la foi, une certaine foi religieuse et sociale, sans laquelle aucune société jusqu'à présent n'a vécu, quel remède, je vous le demande encore, allez-vous opposer à cet esprit du mal qui nous menace?

Je le déclare franchement, je n'en connais pas d'autre que

le vieil esprit chrétien qui, jusqu'à présent, a fait vivre la société française et la société européenne. Et remarquez bien que je ne demande pour cet esprit aucune faveur, aucun privilége, rien qui ne doive être accordé, à égal titre, à tout autre esprit nouveau qui viendrait à se présenter dans notre société et qui nous apporterait la lumière dont nous avons besoin.

Et ici, je me retournerai même vers quelques-uns des orateurs les plus avancés, les plus novateurs, les plus utopistes que nous avons entendus ici, vis-à-vis de ceux qui ont signalé avec le plus d'énergie (car je ne veux pas dire avec le plus d'acrimonie) les maux de la société actuelle, et je leur demanderai s'ils n'ont pas besoin, ou s'ils n'auront pas besoin un jour d'une doctrine ou d'une force morale autre que celle qui les anime aujourd'hui.

Je suis d'accord avec eux sur beaucoup de points, sur la misère du peuple, sur l'impuissance absolue du Gouvernement pour diriger, pour réformer, pour purifier l'esprit du peuple, sur l'influence délétère de l'industrie dans un certain sens; sur beaucoup de ces points je suis d'accord avec eux; j'admets avec eux la réalité de plusieurs des maux qu'ils signalent. Mais je ne suis pas d'accord avec eux ni pour les principes ni pour les remèdes.

Ils nous ont parlé en langage très-éloquent de l'état déplorable des populations manufacturières de la France. Ils nous ont parlé de cet air vicié que respirent nos ouvriers dans les manufactures; ils nous ont dépeint ces générations malingres, affaiblies, misérables, qui s'élèvent partout sur le sol industriel de la France. Mais voici ce que je leur demande : quand ils auront, par une répartition de la propriété telle qu'ils la méditent, ou par toutes les autres mesures qu'ils ont proposées, qui ne sont, au fond, que des mesures purement financières, purement matérielles; quand ils auront remédié à tous les maux qu'ils nous ont signalés, est-ce qu'ils croient qu'ils auront fait quelque chose de grand et de durable pour la société? Ils nous parlent de l'air vicié que respirent nos ouvriers; mais, ne savent-ils donc pas (et ici je vous conjure de croire que je suis à mille lieues de vouloir dire une parole amère, blessante, douloureuse pour qui que ce soit, sur cette terre de France); mais je leur demande si, a côté de cet air vicié, il n'y a pas des cœurs profondément viciés par l'incrédulité, par l'immoralité; je leur demanderai si les générations sont uniquement réduites à l'état qu'ils dépeignent par le mal industriel, par le mal matériel, je leur demanderai si le mal moral n'y est pas pour quelque chose.

(M. Corbon fait un signe d'assentiment.)

Et l'approbation dont m'honore, en ce moment, M. Corbon, notre collègue, qui sait mieux que personne ce qu'il faut penser de la population ouvrière, me prouve que je ne me suis pas trompé en indiquant, à côté du mal matériel, qu'ils ont justement signalé, un autre mal plus profond, plus radical, plus douloureux, et qu'ils n'effleureront même pas par les remèdes qu'ils vous ont proposés. (Approbation sur plusieurs bancs.)

Ainsi donc, Messieurs, je m'adresse aux deux grandes divisions de ce pays, aux conservateurs et aux novateurs, aux propriétaires et aux prolétaires, et je leur dis à tous deux ; aux uns : Vous essayerez en vain de défendre ce que je veux défendre avec vous tant que vous n'aurez pas une force morale qui vous manque, une doctrine salutaire à opposer à la doctrine ennemie ; et je dis aux autres : Quand même vous vaincriez, votre victoire serait stérile, monstrueuse, détestable, si, vous aussi, vous n'apportiez pas à cette société malade une doctrine qui pourrait la consoler et la guérir moralement.

Mais ici on me répondra peut-être : Cette doctrine, nous l'avons, nous avons ce grand remède de l'instruction dont il est question précisément dans l'article que nous allons débattre ; nous avons l'instruction, et l'instruction donnée par l'État.

Eh bien, oui, cela est vrai ; depuis cinquante ans, depuis soixante ans, l'État s'est chargé de donner l'enseignement à ce peuple de France ; il s'en est chargé à peu près tout seul (je laisse de côté l'exception que vous pourriez me signaler peut-être, l'exception des séminaires destinés à former le clergé). L'État seul s'est chargé, depuis cinquante ans, de diriger l'enseignement et l'instruction en France. Quel a été le fruit de ses efforts depuis cinquante ans ?

M. BARTHÉLEMY SAINT-HILAIRE. Je demande la parole.

M. DE MONTALEMBERT. Je demande la permission de ne pas entrer dans des détails qui seront mieux placés dans la discussion des lois spéciales sur l'instruction publique qui nous seront probablement apportées ; mais, en attendant ce moment, et pour mieux justifier ma thèse, j'ai besoin de constater, ou du moins d'affirmer ici, certaines thèses que je crois à l'abri de toute espèce de contestation, et que voici :

D'abord, en ce qui touche l'instruction supérieure, une diminution considérable dans la quantité comme dans la qualité, comparée à ce qu'était cette instruction sous l'ancien régime. (Réclamations et rires d'incrédulité. — Mouvement prolongé.) Et, sachez-le bien, ce n'est pas moi qui ai découvert cela. Cela vous étonne, sans doute, Messieurs ; eh bien, savez-vous où j'en trouve la preuve ? Ce n'est pas dans mes recherches, ni dans mes préjugés, c'est dans les œuvres officielles, solennelles de l'Université elle-même, représentée par ses chefs, les ministres de l'instruction publique, M. Villemain, M. de Salvandy (Oh ! oh !) dans leurs exposés des motifs, dans leurs rapports au roi. (Longue interruption.)

M. LE PRÉSIDENT. Les représentants qui ne partagent pas l'opinion de M. de Montalembert auront la parole pour le combattre ; mais je les invite à vouloir bien l'écouter.

M. DE MONTALEMBERT. La preuve de ce que je dis ici sur l'infériorité relative de l'enseignement, je ne dirai plus supérieur, mais de tout ordre, vis-à-vis de l'état de l'enseignement, en France, avant la révolution, se démontre par les aveux, par les calculs, par les chiffres des chefs de l'Université elle-même (C'est vrai !), et dans les exposés des motifs des projets de loi qu'ils ont présentés pendant dix-huit ans sur la matière qui nous occupe en ce moment. (Interruption mêlée d'approbation.)

Je vous invite à les lire avant de me contredire. Vous ne les avez pas lus ; eh bien ! quand vous les aurez lus, nous verrons si vous pouvez me contredire.

Je dis que l'enseignement supérieur en est là ; et j'ajoute que l'instruction secondaire en est absolument au même point ; qu'il y a beaucoup moins de ressources pour l'instruction secondaire aujourd'hui en France qu'il n'y en avait en 1789. (Ah ! ah ! — C'est impossible ! c'est faux !)

M. DENJOY. Ce n'est faux que pour ceux qui n'ont pas étudié.

M. DE MONTALEMBERT. C'est prouvé par des chiffres ; ils sont là.

Je dis en outre.... (Interruption.)

Je ne m'étonne pas de ces interruptions; mais je m'en afflige pour vous, parce que je suis dans le fond de la question, dans les entrailles mêmes de la question, et que si l'on ne me permet pas de venir dire ici mon opinion, non pas seulement sur telles et telles considérations générales où l'on est toujours plus ou moins d'accord, mais sur des faits et sur des chiffres, je dis qu'il n'y a plus de discussion possible sur l'un des sujets les plus intéressants que vous puissiez traiter. (Parlez! parlez!) J'ai bien l'intention de parler, et je vous annonce, du reste, que vous en verrez bien d'autres dans la discussion sur les lois organiques. (Ah! ah!) Je ne fais aujourd'hui que constater, que poser, si vous ne voulez pas que je dise constater; je ne fais que poser les résultats, non pas, je le répète, de mes préjugés, non pas de mes recherches, mais des documents officiels publiés par l'Université, et je vous invite encore une fois à y recourir pour les examiner. (Interruption.)

L'instruction secondaire est moindre en quantité qu'avant 1789; elle est moindre en qualité; elle est médiocre, elle est misérable en qualité; elle ne donne qu'un certain nombre de lauréats, je ne dirai pas victimes, mais objets de sa sollicitude spéciale et exclusive, ou, pour mieux dire, d'un système d'entraînement qu'on peut comparer à celui des chevaux de course, destiné à faire briller l'Université dans ses concours. (Rires approbatifs.) Oui, on sacrifie toute notre jeunesse à un système faux, qui a pour suite la production de quelques sujets extraordinaires que l'Université décore de ses couronnes, mais qui donne pour résultat général l'abâtardissement intellectuel de la race française. (Oh! oh! — Interruption.)

M. LE PRÉSIDENT. J'invite l'Assemblée à ne pas arrêter l'orateur par des interruptions continuelles. La liberté de discussion n'est complète que quand chacun peut dire franchement et complètement son opinion.

M. DE MONTALEMBERT. Voici un petit mot à l'adresse de ceux qui m'interrompent; et je l'emprunte à un recueil universitaire, car c'est là que je cherche la lumière. Ce recueil, intitulé la *Liberté de penser*, est rédigé par la crème des philosophes de l'Université. (On rit.) Eh bien, voici ce que j'ai lu dans le dernier numéro :

« Tout le monde apprend le latin en France, et il en résuite que personne ne le sait, et qu'on ne sait guère autre chose. » (Rires d'approbation.)

Je le répète, cela se trouve dans un recueil rédigé par l'élite des philosophes de l'Université, et je crois que notre honorable collègue M. Jules Simon en sait quelque chose. (Nouveaux rires.) Il nous le dira tout à l'heure.

Voilà pour l'enseignement secondaire.

J'arrive à l'enseignement primaire, et ici je crains d'exciter bien plus encore vos murmures.

Dans l'enseignement primaire, l'État s'est donné beaucoup de mal; il a fait de grands sacrifices, mais des sacrifices accompagnés de beaucoup de vexations, de prohibitions, de persécutions contre tous les élans du zèle individuel.

Il en est résulté (ceci va vous paraître étrange, mais je le démontrerai lorsque nous discuterons la question de l'instruction primaire), il en est résulté que les progrès de l'instruction primaire ont été en raison inverse des sacrifices pécuniaires et des efforts qu'a faits l'État. (Murmures.) Vous le verrez !

Il en est résulté encore.... (Interruption.)

M. LE PRÉSIDENT. M. de Montalembert exprime son opinion et non la vôtre.

M. DE MONTALEMBERT. Je ne dis pas que l'instruction primaire ait diminué graduellement et progressivement en France, depuis cinquante ans; je dis qu'elle n'a pas augmenté en proportion des efforts qu'a faits l'État et des sacrifices pécuniaires qu'il s'est imposés pour la propager; elle n'a pas augmenté en raison des sacrifices que l'État a faits, pour des raisons que je vous expliquerai, et que vous serez obligés de reconnaître.

Mais il y a quelque chose qui a augmenté en France avec les progrès de l'instruction primaire, c'est la criminalité. Je le déplore, non pas plus que vous, mais autant que vous; mais c'est un fait : et ici encore vous pouvez le vérifier dans les statistiques officielles qui vous sont tous les ans distribuées par le ministère de la justice, lequel n'est pas, je pense, une autorité suspecte, qui vous montrent, dans une proportion effrayante, l'augmentation des crimes et délits de toute nature. (Interruption.) Comment! vous niez cela? Mais, encore une fois, je n'invoque ici que les comptes rendus du ministre de la justice, et, en outre, les discussions de l'Académie des sciences morales et politiques imprimées dans le *Moni-*

leur; c'est là, encore une fois, que je vous renvoie, et que je vous invite à puiser vos arguments pour me répondre.

Que résulte-t-il de tout cela? C'est que l'instruction officielle, telle qu'elle est donnée en France depuis cinquante ans, est impuissante pour donner le remède que je vous demandais tout à l'heure et pour élever la barrière dont vous avez besoin contre l'envahissement du flot antisocial. D'autres, et moi, par exemple, pourraient, à la rigueur, et même sans rigueur, attribuer à cet enseignement officiel une grande partie du mal qui se produit aujourd'hui en France. (Interruption.) Je ne le ferai pas aujourd'hui. (Bruit.) Vous ne lasserez pas ma patience : il y a vingt ans que je soutiens cette discussion devant des adversaires moins redoutables, moins bruyants, je l'avoue; mais j'ai appris dans cette lutte à persévérer dans la voie où je suis entré, et j'y persévérerai. (Mouvement.)

Je dis que je ne veux pas attribuer à l'enseignement officiel la plus grande partie du mal moral que je signale ; mais je soutiens qu'il est impossible, pour un esprit éclairé et impartial, de trouver, dans cet enseignement officiel qui a présidé depuis cinquante ans aux destinées intellectuelles de la France, le frein, la barrière dont vous avez besoin pour arrêter le danger que vous sentez et que vous redoutez tous.

En effet, l'instruction en soi, permettez-moi de le dire, ce n'est rien ; ce qui importe, c'est la bonne instruction. (Mouvement.) Qu'est-ce qui peut nier cela ? Il y a une comparaison bien simple, la plus facile à saisir. L'ignorance, c'est la faim de l'esprit. Mais il y a quelque chose de pire que la faim, c'est le poison. (Bruit.)

Eh bien, la fausse instruction, c'est le poison; toute la question est donc de savoir quelle est la vraie et quelle est la fausse instruction, pour savoir si vous donnez à votre peuple de la nourriture ou du poison. (Bruit.)

Car, enfin, on guérit de la faim; on ne guérit pas du poison, quand il est administré à une certaine dose.

Eh bien, l'enseignement officiel... je fais les exceptions que comporte toute espèce de thèse générale; j'excepte non-seulement les individus et leurs intentions, mais j'excepte encore un nombre considérable de manifestations très-respectables au sein de cet enseignement; il est clair que je ne comprends pas dans une proscription générale et absolue toutes les doctrines qui ont fait partie depuis cinquante ans de l'enseignement officiel. Mais je prends les choses en général, et je dis que depuis cinquante ans, d'un côté, par la mauvaise instruction qu'il a donnée, et de l'autre, par les vexations et les persécutions auxquelles il s'est livré contre les efforts individuels, l'enseignement officiel a empoisonné une partie de ceux qu'il prétendait nourrir, et a affamé l'autre partie, sous prétexte de l'empêcher de s'empoisonner. Voilà en deux mots le résumé des efforts de l'enseignement officiel en France depuis cinquante ans. (Réclamations diverses. — Rumeurs prolongées.)

Vous parlez de l'instruction comme d'un remède : permettez-moi de vous citer un fait qui doit planer sur toutes nos délibérations, sur toutes nos méditations, sur toutes nos appréhensions, l'insurrection de juin. (Agitation.)

Eh bien ! ces insurgés contre lesquels je ne voudrais pas dire une seule parole qui pût, en quoi que ce soit, aggraver leur sort, ces insurgés étaient-ils dépourvus d'instruction ? Vous les avez vus, vous les avez interrogés, quelques-uns d'entre vous, au moins ; vous savez ce qu'ils sont, et je vous demande si ce sont des ignorants ? Est-ce qu'ils n'ont pas reçu cette fameuse instruction primaire qu'on nous donne comme le remède à tous les maux de la société ? (Réclamations nombreuses.)

M. L. FAUCHER. Je demande la parole.

M. DE MONTALEMBERT. Ils savaient tous lire, et ils avaient profité de cette science, pour quoi faire ? pour lire les œuvres de l'honorable M. Proudhon et de l'honorable M. Louis Blanc. (Nouvelles réclamations à gauche.)

Il n'y a rien de personnel là-dedans.

M. FLOCON. C'est la dénonciation portée à la tribune.

VOIX DIVERSES. Les trois-quarts des enfants ont été éduqués par les écoles chrétiennes des Frères ignorantins.

M. SAINT-GAUDENS. Que lisaient les auteurs de la Saint-Barthélemy ?

M. PAYER. Les ouvriers sont élevés par les Frères ignorantins.

M. DE MONTALEMBERT. Je ne savais pas que les Frères ignorantins fussent si nombreux en France et à Paris. J'invite l'honorable M. Payer à consulter la statistique de l'instruction primaire. Il y verra dans quelle proportion sont les écoles des Frères à l'égard des écoles laïques.

Le lendemain de cette cruelle catastrophe, quel est le remède qu'on a semblé vous apporter ?

Une loi sur l'instruction primaire, qui, dans son premier article, rayait l'enseignement religieux du programme de l'instruction officielle (C'est vrai ! c'est vrai !), et en même temps venait étendre la main de l'État, cette main dont je vous signalais tout à l'heure l'intervention sinon désastreuse, du moins complétement stérile, venait l'étendre sur toutes les écoles communales de France, de manière à assimiler, permettez-moi de le dire, et sans vouloir blesser personne, à assimiler autant qu'on le pouvait les habitants des derniers villages de France aux habitants des faubourgs de Paris.

Voilà la loi qu'on vous a proposée le lendemain de la catastrophe. (Mouvements divers et rumeur prolongée.)

Maintenant, vous me demandez, à moi, quel est le remède que je propose. Eh bien ! moi qui ne veux rien inventer, rien innover, je vous propose tout simplement le remède le plus ancien, mais en même temps le plus éprouvé, qui existe sous la face du soleil, c'est la morale chrétienne telle qu'elle a été enseignée pendant quatorze siècles dans le pays où nous sommes.

La morale chrétienne, que vous devez laisser prêcher, propager par la liberté de l'enseignement, en vertu du principe de liberté, que nous réclamons et que nous voulons dans ce but-là aussi étendue et aussi complète que possible. Je dis et j'affirme que cette morale donnera le remède qu'il vous faut, en donnant une règle à toutes ces âmes égarées. Car, en effet, remarquez-le, ce qu'il faut à l'homme ici-bas, ce ne sont pas des problèmes comme lui en proposent la science et la philosophie, ce sont des solutions. Sauf quelques esprits bien rentés, bien payés par l'État pour examiner à leur aise ces problèmes, pour chercher à loisir la vérité, pour tout défaire et tout refaire quand ils le peuvent, l'immense majorité des hommes n'a pas le temps d'user sa vie à sonder ces problèmes. Il faut aux hommes des solutions et non des problèmes ; il leur faut une vérité toute faite ; il leur faut une règle morale. Or, l'enseignement chrétien peut seul leur donner cette solution, cette vérité et cette règle.

M. FLOCON. Par le frère Léotade !

M. DE MONTALEMBERT. Et il la leur donnera, par la liberté, encore une fois, sans faveur, sans compression, sans obligation.

Et remarquez que je ne vous parle pas le moins du monde en théologien ou en prédicateur; je n'invoque pas devant vous la force, la valeur surnaturelle de la religion chrétienne, je la prends uniquement au point de vue social, au point de vue politique. Je vous parle en homme pratique, en homme aussi intéressé que vous au maintien et à la défense de la société. Je ne dis pas non plus, veuillez le remarquer, que ce remède soit le seul applicable, ou le seul infaillible; je n'en exclus aucun autre. Vous me trouverez toujours au premier rang de tous ceux qui appuieront les mesures propres, soit à soulager le peuple, les classes laborieuses, soit à consolider le pouvoir et l'ordre social. Je ne décrierai aucune espèce de tentative, je ne repousserai aucun autre remède; mais je dirai toujours que toutes ces tentatives seront impuissantes, que tous ces remèdes seront insuffisants si vous n'ajoutez pas celui de l'éducation religieuse, qui va droit à l'âme, au cœur de ceux que vous voulez soulager et guérir.

Maintenant, quelle est l'application sociale et politique de ce remède? ou, en d'autres termes, quel est l'écueil, le danger que court aujourd'hui la société et que l'éducation religieuse doit détourner? Il y en a deux, selon moi. En effet, toutes les doctrines novatrices, toutes les théories modernes aboutissent au désir immodéré de la jouissance, du bonheur, et à l'esprit de mépris et de révolte contre l'autorité sociale.

Oui, toutes les tendances antisociales qui nous menacent peuvent se résumer sous ces deux mots: jouir et mépriser.

Jouir d'abord, et jouir non-seulement de son bien, mais du bien d'autrui (On rit), ou du moins ce qu'on a appelé jusqu'à présent le bien d'autrui. (Nouveaux rires.)

Je suis encore obligé ici de faire quelques citations très courtes; mais, je le répète, non dans l'intention de blesser personne, je ne veux que discuter; on ne peut pas m'empêcher de citer... (Interruption à gauche.)

Je suis obligé d'indiquer un certain nombre d'axiomes ou de phrases émises par des socialistes éminents, qui résument ce désir et ce besoin de la jouissance, du bonheur, qu'on prêche maintenant à la société.

Ainsi, au Luxembourg, on a dit aux ouvriers qu'ils devaient aspirer au *maximum de jouissance!* C'est l'expression consignée dans les documents de l'enquête.

Un autre orateur vous a dit ici même: « Le peuple vous

dit par ma bouche : Je ne veux plus être pauvre, et je ne le serai plus. »

Un autre encore, cité à cette tribune par l'honorable M. Grandin, a dit que ce qu'il fallait aujourd'hui, c'était le paradis sur la terre. (Mouvement.)

Une voix a gauche. Il a raison.

M. de Montalembert. C'est toujours, comme vous le voyez, l'idée de bonheur, la jouissance.

Une autre école a pour but de rendre le travail attrayant, de changer ainsi dans l'esprit du peuple la notion même du travail. Au lieu d'une obligation et d'un avertissement, d'un châtiment... (Réclamations) et d'un remède pour l'âme, on en fait, on en veut faire une jouissance ou un droit. On supprime en même temps la notion du dévouement et du sacrifice, on y substitue celle du bonheur : on donne pour but à l'homme sur la terre, non plus le devoir et le mérite, mais le bonheur; et non pas seulement le bonheur moral, qui consiste essentiellement dans le sacrifice et le dévouement, mais le bonheur matériel.

Voilà le but qu'on promet, qu'on offre à l'homme en général et à l'ambition du peuple français en particulier. Et à côté de cet esprit de jouissance démesurée et matérielle, on propose et on enseigne le mépris de toute autorité et l'esprit de révolte contre toute autorité. Ce n'est pas l'esprit de liberté, notez-le bien, mais l'esprit de révolte, aussi dangereux, s'il ne l'est pas plus, pour une autorité républicaine et issue d'une révolution que pour une autorité d'une tout autre nature. En effet, dans toute république, comme dans toute monarchie, il y a un élément nécessaire, c'est l'autorité. Eh bien, cette autorité est aujourd'hui profondément altérée dans le cœur de ces masses que je vous signalais tout à l'heure comme menaçant l'ordre social en France. La notion même de l'autorité y est atteinte. On veut bien en France obéir à des lois que l'on trouve de son goût et à des magistrats qu'on sait être de son parti; mais obéir à la loi parce que c'est la loi, obéir au magistrat parce que c'est le magistrat, voilà une notion qui tend à s'éteindre de plus en plus dans le cœur des populations en France.

M. Manuel. Ce n'est pas la faute de l'Université.

M. de Montalembert. Vous croyez! Mais, du reste, je ne parle plus de l'Université, je parle de l'état général des choses en France.

Je dis que, dans une république comme dans une royauté, et plus encore dans une république que dans une royauté, quand bien même la loi ne devrait durer qu'une année, quand bien même le magistrat ne devrait exister qu'un jour, pendant ce jour et pendant cette année, il faut que cette loi et ce magistrat soient respectés, et, pour cela, il faut que le sentiment de l'autorité règne dans les cœurs, et il n'y règne plus !

Qu'on ne vienne pas me citer l'autorité que donne le suffrage universel.

L'autre jour un honorable membre de cette Assemblée, qui m'interrompait tout à l'heure, et qui faisait autrefois partie du Gouvernement provisoire, nous a dit qu'il avait conspiré toute sa vie, mais que maintenant il regardait comme le plus grand des crimes de conspirer, parce que le suffrage universel était aujourd'hui proclamé. Eh bien, j'ai l'honneur de lui faire observer, à lui et à tous ceux qui, comme lui, seraient tentés de croire, par suite d'une illusion que je respecte sans la partager, que le suffrage universel suffit pour donner à l'autorité morale la base qui lui manque parmi nous ; j'ai l'honneur, dis-je, de lui faire observer que, la veille ou le lendemain du jour où il s'exprimait avec cette honorable franchise, on voyait éclater, précisément contre les résultats du suffrage universel, l'insurrection la plus formidable qu'on ait jamais eue à combattre en France, insurrection faite par des hommes qui avaient usé du suffrage universel la veille, et qui y avaient fait triompher une partie des candidats pour lesquels ils avaient voté.

Voilà à quel point le suffrage universel, que je respecte et que j'honore comme lui...; et comment ne le respecterais-je pas, puisque c'est à lui que je dois l'honneur de siéger ici ? voilà à quel point le suffrage universel suffit pour consolider l'autorité sociale.

M. FLOCON. Vous vous trompez de date. (Exclamation.)

Un mot seulement. (Violents murmures.)

M. LE PRÉSIDENT. M. de Montalembert consent à écouter l'observation que désire adresser M. Flocon. (Parlez ! parlez !)

M. FLOCON. C'est pour ne pas monter à la tribune. (Nouvelle interruption.)

M. DE MONTALEMBERT. Je vous conjure de vouloir bien

entendre l'honorable M. Flocon, et de m'accorder un moment de repos pendant qu'il parlera.

M. Flocon, *à la tribune*. Je n'avais pas l'intention de monter à la tribune ; je voulais seulement relever, dans ce qui vient d'être dit par l'orateur qui de droit l'occupe encore, une erreur, et une erreur assez grande. C'est une erreur de date. Ce que j'ai eu l'honneur de dire devant l'Assemblée, ce n'était pas la veille des journées auxquelles l'orateur fait allusion... (Interruption.) C'était après.

Or, le sens de mes paroles, à mon avis, et les inductions qu'on en veut tirer, sont complétement différents, si on veut examiner à quelle époque je les ai prononcées.

En tous cas, j'ajoute un seul mot.

L'orateur a voulu relier une explication très-franche et très-légale de ma part à des événements funestes et qui pèsent encore aujourd'hui sur le pays.

Qu'il soit bien convaincu d'une chose, lui et tous ceux qui partagent ses opinions : c'est que les hommes qui ont agi, pensé et travaillé pour le bien de leur opinion et de la France, de leur patrie, de la liberté, comme je l'ai fait, auraient cru amener les plus grandes ruines et les plus grandes catastrophes, si jamais, devant une Assemblée nationale, ils s'étaient permis de présenter le travail comme un châtiment. (Mouvements divers.)

M. de Montalembert. Je n'ai pas besoin, je pense, d'expliquer à l'honorable M. Flocon qu'en me servant du terme de *châtiment*, je n'ai en aucune manière l'intention de signaler le rôle social ou politique du travail ; je me suis servi d'une expression familière aux personnes qui s'occupent des choses religieuses, et qui regardent le travail imposé à l'homme dans ce monde comme une peine, comme une expiation qui nous est commune à tous, quelle que soit notre position.

Voix nombreuses. Oui ! oui ! (Mouvements divers.)

M. de Montalembert. Je désavoue formellement toute autre interprétation de ma pensée. (Très-bien !)

Je reviens à la pensée que j'exprimais tout à l'heure, la faiblesse de l'autorité, en général, en France ; et, je le demande à tous ceux qui en ont été revêtus, à diverses époques, dans cette enceinte, je le demande, notamment, aux vainqueurs d'hier, je le demande aux plus éloquents et aux plus intrépides d'entre eux : si, le lendemain de leur victoire, si après l'enivrement du combat, après avoir planté leur drapeau victorieux sur les ruines de ce qui leur résistait, et après avoir promené un premier regard sur cette société qu'ils étaient appelés à gouverner, à diriger désormais dans les voies de l'avenir ; je leur demande s'ils ne sont pas restés inquiétés, attristés, effrayés, à la vue de l'infirmité morale du pouvoir parmi nous, à la vue de la difficulté effroyable qu'il y a à gouverner les hommes de notre temps et de notre pays. (Rumeurs diverses.)

Cette question, je l'adresse aux plus éloquents et aux plus intrépides, et je suis sûr que, s'ils jugeaient à propos de me répondre, ils ne me démentiraient pas. Et ce même avertissement, je l'adresse également à ceux qui pourront être les vainqueurs de demain... (Agitation.) Je dis aux utopistes, aux novateurs qui se figurent qu'ils s'empareront un jour de cette société, je leur annonce d'avance qu'ils éprouveront la même faiblesse, la même misère...

M. GRANDIN. Il n'y aura plus de société alors ! (Bruit et rires.)

M. DE MONTALEMBERT. Je dis que ces vainqueurs de demain éprouveront cette faiblesse à un degré plus grand encore, s'il est possible, que les vainqueurs d'aujourd'hui, et qu'ils tomberont de plus haut encore dans le néant, ce néant qui s'ouvre si rapidement et si profondément pour les réputations et pour les puissances de notre siècle.

Eh bien, y a-t-il maintenant de par le monde un système, un enseignement, une force qui oppose une barrière à cette double tendance que je viens de signaler tout à l'heure, et que je résume par ces deux mots : jouir et mépriser ? Et cette force, quelle est-elle ? Est-il une philosophie qui puisse élever dans le cœur du peuple cette barrière ? Est-il une législation qui suffise pour maintenir cette barrière, pour l'élever dans le fond du cœur ?

Non, Messieurs, vous le sentez tous, ce n'est ni la philosophie ni la législation qui rempliront cette tâche. Qui la remplira donc ? Je vais vous le dire : c'est la doctrine chrétienne, c'est l'Église chrétienne. (Mouvement en sens divers.)

Je dis que l'enseignement de l'Église, qu'il s'agit de rendre au peuple par la liberté, oppose précisément un double remède à ce double danger, et qu'aux mots *jouir* et *mépriser*, l'Église oppose une doctrine qui peut se résumer dans ces deux autres mots : *s'abstenir* et *respecter*. Et j'ajoute que ces deux mots résument son action sociale et politique, et que, encore une fois, je n'envisage la question qu'au point de vue social et politique.

S'abstenir d'abord !

Oui, elle l'a enseigné de tout temps, au riche comme au pauvre ; elle a dit au pauvre : « Tu ne déroberas pas le bien d'autrui, et non-seulement tu ne le déroberas pas, mais tu ne le convoiteras pas ; » c'est-à-dire : Tu n'écouteras pas ces enseignements perfides qui soufflent sans cesse dans ton âme le feu de la convoitise et de l'envie. (Bruit.) Résigne-toi à la pauvreté laborieuse, et tu en seras récompensé et dédommagé éternellement.

Voilà ce qu'elle a dit depuis mille ans aux pauvres, et les pauvres l'ont cru jusqu'au jour où l'on a arraché la foi de leur cœur, où est entrée aussitôt après l'horreur de l'état social.

Mais, immédiatement après, cette Église, qui n'a pas deux morales, qui n'a pas deux lois, qui n'a pas deux freins, l'un pour le riche, l'autre pour le pauvre ; cette Église s'est retournée vers le riche, et après avoir dit au pauvre : « Abstiens-toi du bien d'autrui, » elle a dit au riche : « Abstiens-toi de ton propre bien, » c'est-à-dire : Sache bien que tu es responsable de l'emploi de ton dernier sou, non pas vis-à-vis des lois ou de la société, mais vis-à-vis de Dieu ; que tu lui rendras compte de l'emploi de la moindre parcelle de ta fortune, et que si tu en as détourné quelque chose pour des jouissances superflues et coupables, tu en seras puni. Voilà ce qu'elle a dit au riche, et le riche aussi l'a écoutée ; il l'a écoutée pendant mille ans. (Interruptions.)

Oui, elle a enseigné aux riches qu'il fallait se faire pardonner leurs richesses par la charité ; elle leur a dit : Dépouillez-vous, songez à vos frères ; dépouillez-vous de tout ce dont vous pouvez disposer en faveur de vos frères. Et ils l'ont fait, et ils ont, pendant mille ans, couvert l'Europe de fondations, d'aumôneries, d'hospices, d'œuvres de charité de toute nature, qui ont été pendant mille ans la caisse d'épargne inépuisable du peuple, le patrimoine perpétuel des pauvres, la véritable liste civile des indigents, et qu'une législation fatale, selon moi, empêche seule de renaître.

Voilà ce que l'Église a fait pendant mille ans pour réprimer le désir excessif de la jouissance chez le pauvre et l'abus de la jouissance chez le riche. (Nouvelles interruptions.)

M. LE PRÉSIDENT. Je suis étonné que l'Assemblée ne s'aperçoive pas du temps qu'elle perd par ces continuelles interruptions.

PLUSIEURS MEMBRES. On n'entend rien !

M. LE PRÉSIDENT. Il est évident qu'on ne peut pas entendre au milieu d'un pareil bruit.

Veuillez faire silence.

M. DE MONTALEMBERT. Maintenant, qu'est-ce que la doctrine chrétienne a fait pour le respect et pour l'autorité ?

Oh ! ici, Messieurs, je ne dois plus craindre les interruptions ; car elle s'est identifiée elle-même avec le respect ; elle a créé pour l'autorité, quelle qu'elle soit, le droit divin... non pas, comme on l'a follement cru et follement dit, uniquement au profit de la royauté et du pouvoir héréditaire ; elle a créé ce droit divin au profit de toute espèce de pouvoirs. (Rumeurs.)

Qui est-ce qui pourrait nier cela ? c'est élémentaire. (Bruit prolongé.)

PLUSIEURS VOIX. Demandez le renvoi à demain !

M. DE MONTALEMBERT. Je demande en effet à l'Assemblée de vouloir bien renvoyer la discussion à demain.

M. LE PRÉSIDENT. L'orateur est très-fatigué ; il demande le renvoi de la discussion à demain. (Oui ! oui !)

Séance du 20 septembre.

M. DE MONTALEMBERT. Messieurs, je serais désolé d'avoir dit avant-hier quelque chose qui pût être interprété comme une attaque directe ou indirecte contre les institutions politiques que la France s'est données depuis 1789, ou quelque chose qui pût impliquer l'intervention directe ou indirecte du clergé ou d'un parti religieux dans les affaires, dans le gouvernement de l'État.

J'ai cherché à me tenir exclusivement dans l'étude de notre état moral, dans la région des cœurs et des intelligences. En acceptant pleinement et sans réserve la cause qui a lutté et triomphé depuis soixante ans, c'est-à-dire la cause de la liberté politique que j'ai servie de mon mieux toutes les fois que je l'ai pu, j'ai cherché pourquoi ce progrès politique n'entraînait pas à sa suite un progrès moral analogue ; pourquoi le mal moral semblait augmenter parmi nous; pourquoi ce mécontentement universel des classes souffrantes, cette tristesse croissante dans les masses, cette agitation furieuse qui nous menace sans cesse, et enfin pourquoi cette fragilité extrême des pouvoirs sociaux, qui est un si grand danger, une si terrible menace pour notre société.

Convient-il de porter ces questions à la tribune, de les mêler à la discussion de la constitution? Je l'ai cru; j'ai cru faire mon devoir en les portant ici; car enfin nous sommes ici pour chercher la vérité et pour nous la dire les uns aux autres avec bonne foi et avec franchise. Or la vérité sociale ne réside pas exclusivement dans les institutions politiques ni dans les expédients politiques; elle est aussi ailleurs; elle est là partiellement, mais elle est aussi ailleurs; elle est plus haut et plus bas, dans une région plus familière et dans une région plus élevée; elle a ses principaux foyers dans le temple et dans l'école du village.

Voilà pourquoi j'ai cru pouvoir aborder ces grandes et délicates considérations dans la discussion de la constitution et à propos de la liberté d'enseignement, afin d'étudier avec vous quelle doit être la direction morale que nous devons désirer et rechercher pour ce pays à la faveur de cette liberté.

Je me suis abstenu à dessein, jusqu'à présent, de prendre part à aucune des discussions irritantes et purement politiques qui ont eu lieu dans cette enceinte; on peut et on doit me rendre ce témoignage, qu'il n'est pas tombé de ma bouche une seule parole blessante pour aucun parti, pour aucune personne dans cette enceinte.

J'ai voulu réserver ma parole pour qu'elle fût plus libre, plus impartiale, moins suspecte au moment d'aborder ces questions qui, je le répète, me paraissent les plus hautes, les plus difficiles, les plus importantes de toutes. Je suis donc venu ici, dans la sincérité de mon cœur et de mon patriotisme, vous tenir absolument le même langage dévoué, désintéressé... (Rumeurs.)

A GAUCHE. Nous sommes tous désintéressés.

M. DE MONTALEMBERT. Je viens vous tenir le même langage que j'ai tenu à la monarchie, avec le même dévouement et le même désintéressement, à la monarchie qui était malade du même mal dont vous êtes malades, et d'un mal qui l'a emportée. (Mouvement.)

Souffrez donc que je vous rappelle que vous avez près de vous et à votre portée la force sociale, la vérité sociale, qui a servi de base à la société ancienne et qui peut et doit servir de base à la société moderne. Ce n'est pas qu'elle se soit identifiée avec aucune des sociétés anciennes ; elle les a fait vivre et elle leur a survécu ; elle vous fera vivre à votre tour sans s'identifier avec vous, parce qu'elle ne s'identifie avec aucun régime, pas plus avec la démocratie qu'avec la monarchie ni l'aristocratie ; mais, sans adopter exclusivement aucun régime, elle fait vivre tous ceux qui ne la repoussent pas ; elle les soutient, elle leur tend la main et les pénètre d'une vie supérieure et durable.

En examinant devant vous où réside et comment doit se propager cette force sociale de la vérité chrétienne, j'ai constaté que cette vérité chrétienne ne pouvait être répandue que par l'éducation, et que cette éducation ne pouvait et ne devait être donnée au pays qu'en vertu du principe de liberté ; j'ai été alors naturellement conduit à examiner si l'éducation publique, telle qu'elle est actuellement organisée et constituée en France, suffisait pour donner au pays cette force morale ; car si elle y suffisait, à coup sûr, je ne viendrais pas vous demander des réformes pour le simple plaisir d'établir des droits et des libertés théoriques. Mais j'ai été conduit à établir qu'elle ne suffisait ni aux besoins moraux ni aux besoins intellectuels du pays. A ce sujet, j'ai émis certaines assertions qui vous ont paru très-contestables ; je m'en suis étonné, car je les croyais acquises à la discussion.

Je n'étais pas muni alors des pièces nécessaires pour confirmer ce que je prenais la liberté d'énoncer devant vous.

Je ne reviendrai pas sur toutes ces assertions ; il en est une cependant qui a excité tant de clameurs dans cette enceinte, que je vous demande la permission de la répéter et de la prouver.

J'ai dit, d'après les autorités les plus compétentes, qu'au moment actuel l'instruction élevée, l'instruction à la fois supérieure et secondaire, offrait moins de ressources qu'en 89.

M. VAULABELLE, *ministre de l'instruction publique.* Je demande la parole.

M. DE MONTALEMBERT. Eh bien, voici où je prends ma preuve, c'est dans l'exposé des motifs du dernier projet de loi qui a été présenté sur cette matière à l'ancienne chambre des députés, projet de loi qui était contraire à la liberté de l'enseignement et non favorable à cette liberté, et voici quels sont les aveux que renfermait ce projet, présenté le 17 avril de l'année dernière :

« La chambre permettra l'exposition rapide de faits peu connus. Dans l'ancien régime, en 1760, par exemple, quand la France comptait 24 millions d'habitants à peine, le nombre des étudiants livrés aux études classiques dans environ cinq cent quarante colléges, dont les traces nous sont restées et qui ont quelque analogie avec les nôtres, montait à environ 75,000, c'est-à-dire presque exactement au chiffre de toute la jeune population des établissements publics et particuliers que nous possédons aujourd'hui avec nos 36 millions d'âmes. Il faut ajouter cependant environ cent autres colléges dont on a découvert l'existence, mais dont les états ne nous sont point parvenus ; il faudrait ajouter encore tous ceux dont le nom même n'est pas arrivé jusqu'à nous, dans les provinces où les parlements n'avaient pas, comme celui de Paris, exercé leur surveillance ; il faudrait ajouter enfin la foule d'étudiants connus et inconnus, que chaque communauté, chaque chapitre, chaque curé dans sa paroisse, et presque chaque ecclésiastique, élevaient sans obstacle dans les lettres latines. On pourrait donc, presque avec certitude, doubler les chiffres constatés, et on a vu où nous en sommes à cet égard ; encore le chiffre total des élèves actuels de l'instruction secondaire nous donne-t-il des résultats trompeurs, car beaucoup ne font que des études scientifiques. *La différence de l'ancien régime à l'état présent est donc énorme, puisque la population générale du royaume s'est élevée dans la même proportion où la population lettrée a décru.* On peut juger du résultat réel par le nombre total des élèves qui s'avancent jusqu'au terme de leurs études ; moins de la moitié arrivent au baccalauréat, ce qui ne nous donne pas, sur l'ensemble de la société française, 80,000 citoyens munis d'une éducation réellement complète. »

Voilà les déclarations faites par le dernier ministre de l'instruction publique : déclarations faites en tête d'une loi, je le répète, qui n'était pas faite pour la liberté d'enseignement, et déclarations que personne, ni au sein de l'Université, ni au dehors, n'a contestées.

Des preuves semblables, et empruntées aux documents ofticiels, pourraient être apportées à l'appui de toutes les assertions que j'ai émises l'autre jour, et sur lesquelles je ne reviens pas.

Mais quand la séance a été interrompue, je disais que cette éducation chrétienne, dont je veux l'affranchissement et la propagation pour le salut de ce pays, était destinée à lui donner deux grandes forces, dont elle a le plus impérieux besoin, la charité et le respect.

Je dis le respect, et je dis que la doctrine catholique, que nous voulons propager dans le peuple français par la liberté d'enseignement, inspire et crée ce respect, en plaçant les droits de l'autorité à côté des droits de Dieu même. J'ajoute que ce respect est plus nécessaire encore au gouvernement républicain qu'à aucun autre, parce que l'autorité, sous ce gouvernement, est d'une nature plus variable, plus éphémère, plus humaine en quelque sorte. Ce qui fait précisément la popularité du pouvoir dans une république fait en même temps sa faiblesse. L'expérience démontre que l'homme ne respecte pas assez ce qu'il fait lui-même. Tout ce qui commence est faible. Or, dans le gouvernement républicain, l'autorité, qui change sans cesse de mains, commence ou recommence sans cesse; mais c'est à ce moment où l'autorité commence à nouveau, entre les mains de ses dépositaires temporaires, où elle sent sa faiblesse, où les hommes d'un cœur élevé et délicat, qui en sont investis, reculent, comme je le disais l'autre jour, épouvantés devant la grandeur de leur mission et l'immense difficulté de gouverner les hommes de nos jours; c'est ce moment-là que choisit la doctrine catholique, que choisit l'Église pour les sacrer par le respect. Elle dit à ce nouveau pouvoir : Tu es César, et il te sera rendu ce qui est à toi. Elle dit aux peuples, qui croient en elle : Respectez ce nouveau pouvoir; non-seulement obéissez-lui, mais respectez-le dans votre cœur. Elle fait cela pour tous les pouvoirs, non-seulement pour les pouvoirs qu'on appelle de droit divin, pour les pouvoirs héréditaires, mais pour les pouvoirs républicains, pour les pouvoirs démocratiques comme les autres. Ce qu'elle faisait autrefois à Reims au milieu des pompes de la féodalité, elle le fait encore aujourd'hui, tous les jours, au bord des fleuves de l'Amérique, et dans toutes les républiques du monde, pour les pouvoirs nouveaux : elle les inaugure et les couronne par le sacre qu'elle célèbre au fond du cœur et de la conscience de tous les chrétiens qui lui obéissent. (Très-bien ! très-bien !)

Eh bien, je dis qu'il n'y a pas au monde une force morale qui puisse donner cet appui au pouvoir, et qu'il n'y a pas au monde un pouvoir assez solide, assez invulnérable, assez sûr de son présent et de son avenir, pour dédaigner cet appui. (Approbation.)

Voilà ce que fait la doctrine catholique pour l'autorité.

Je n'ai point à répéter ici ce qu'elle fait pour la propriété et ce que je vous ai dit à ce sujet l'autre jour. J'ajouterai un seul mot, comme propriétaire et parlant à des propriétaires avec une franchise entière, parce que nous sommes ici, je pense, pour nous dire la vérité les uns aux autres sans détour. Quel est le problème aujourd'hui ? C'est d'inspirer le respect de la propriété à ceux qui ne sont pas propriétaires. Or je ne connais qu'une recette pour inspirer ce respect, pour faire croire à la propriété à ceux qui ne sont pas propriétaires : c'est de leur faire croire en Dieu ! Et non pas au Dieu vague de l'éclectisme, de tel ou tel autre système, mais au Dieu du catéchisme, au Dieu qui a dicté le Décalogue et qui punit éternellement les voleurs. Voilà la seule croyance réellement populaire qui puisse protéger efficacement la propriété. (Réclamations à gauche.)

Une voix a gauche. C'est ravaler la religion !

M. de Montalembert. Un orateur que j'aime à citer, parce que, comme l'a dit l'honorable M. Duvergier de Hauranne, il raisonne mieux et il dit plus franchement sa pensée que beaucoup de ses collègues, cet orateur disait, le 11 juillet dernier, au comité des finances : « La propriété aura le sort du christianisme ; celui-ci s'use, celle-là s'usera. »

Une voix a gauche. Jamais !

M. de Montalembert. « C'est vrai ! » me dit-on. Je crois que c'est vrai pour la première partie de l'axiome ; quant à la seconde, j'espère que ce n'est pas vrai.

Une voix a gauche. J'ai dit *jamais!* et non pas *c'est vrai !*

M. de Montalembert. Jamais, quoi ?

A gauche. Jamais la propriété ne s'usera !

Un autre membre. Ni l'une ni l'autre. (Mouvement.)

M. de Montalembert. J'espère bien que ce ne sera vrai ni pour l'une ni pour l'autre, comme vous dites ; mais je vous prie de remarquer que ce n'est pas impossible. Cela n'est impossible ni pour le christianisme ni, à plus forte raison, pour la propriété.

Je crois que le christianisme peut s'user et périr... (Bruit) dans tel ou tel pays. Entendons-nous. Je n'ai pas besoin de dire que, dans ma pensée, je fais écho avec le *jamais* que vous entendiez tout à l'heure ; je crois que le christianisme ne s'usera jamais dans le monde, mais qu'il peut s'user dans certains pays : et il s'y est usé, car il y a des pays dont il a presque complétement disparu, après y avoir été très-florissant, tels que l'Asie Mineure et l'Afrique septentrionale. (Mouvement.) Eh bien! je crois qu'il s'use graduellement en France par suite de la mauvaise instruction qui est donnée à notre pays. Et je dis, comme l'honorable représentant dont je parlais tout à l'heure, qu'à mesure qu'il s'usera en France, la propriété s'usera aussi, ou plutôt que la propriété le devancera. Il y a ici beaucoup de cœurs enflammés pour la défense de la propriété, beaucoup de bras armés pour la défendre ; mais, qu'on en soit bien sûr, on aura beau l'*adorer* ou la *corriger*, elle ne survivra pas à la pensée religieuse dans le cœur du peuple français (Très-bien !) ; et on ne la sauvera pas autrement qu'en propageant cette foi simple, complète et populaire qui a servi de base à la société pendant tant de siècles.

Mais ici je dois protester contre l'idée qu'on pourrait m'attribuer, qu'il s'agit de prêcher uniquement cette religion au peuple, au pauvre, dans l'intérêt des riches et des propriétaires. Je repousse de toute l'énergie de mes convictions cette distinction, cet insolent blasphème. Ce n'est pas nous qui l'avons inventé. Nous n'avons jamais admis qu'il pût y avoir une religion pour le peuple et une religion pour ce qu'on appelait autrefois les classes élevées ; qu'il fallait une religion pour le pauvre et une religion pour le riche, une religion pour l'ignorant et une autre religion pour le savant. C'est l'antipode de la doctrine chrétienne. Cette théorie, par qui a-t-elle été inventée? Par les philosophes. (Exclamations.) Oui, elle était proclamée encore, il n'y a pas vingt ans, en Sorbonne ; je l'ai entendu moi-même proclamer à la faculté des lettres de Paris. On disait que le christianisme était bon, était nécessaire pour les masses, mais qu'il fallait une doctrine plus élevée encore pour l'élite des intelligences humaines; on distinguait ainsi une sorte d'aristocratie et de démocratie dans l'intelligence humaine. Rien n'est plus contraire à la doctrine chrétienne que cette distinction entre l'aristocratie et la démocratie des intelligences et des âmes. Savez-vous qui a inventé cette doctrine? Je vais vous le dire : c'est tout bonnement Voltaire (Bruyantes exclamations); oui, Voltaire, qu'on donne pour un des précurseurs de l'égalité et de la fraternité. Voici ce qu'il écrivait en 1765 au comte d'Argental :

« C'est, à mon gré, le plus grand service que l'on puisse rendre au genre humain de séparer le *sot peuple* des honnêtes gens pour jamais... On ne saurait souffrir l'absurde insolence de ceux qui vous disent : Je veux que vous pensiez comme votre tailleur et comme votre blanchisseuse. »

Voilà ce qu'écrivait Voltaire à son ami. (Interruption et mouvement.) Eh bien, l'Église vous dit précisément le contraire; elle vous dit que vous devez croire, penser et agir comme votre tailleur et comme votre blanchisseuse. (Nouvelle interruption.) Elle vous dit qu'il n'y a pas deux devoirs, deux droits ni deux règles morales pour l'homme. (Agitation.)

Oui, l'Église a horreur de cette distinction orgueilleuse; elle dit au riche qu'il a plus de passions à dompter, plus de facilités pour les assouvir que le pauvre; elle dit au savant qu'il a plus d'orgueil que l'ignorant, et qu'ils sont tenus, par conséquent, de respecter plus profondément encore, s'il est possible, la morale chrétienne et le frein qu'elle leur impose. Et, en effet, d'où viennent les maux que je vous ai signalés, et que vous redoutez tous? Précisément de ce que le peuple n'a pas voulu accepter cette distinction, et qu'après avoir conquis l'égalité sociale et politique, il a voulu aussi et très-naturellement conquérir l'égalité intellectuelle et morale; il a voulu être philosophe à son tour; quand il a vu les classes riches et lettrées devenir philosophes, il a voulu l'être à son tour. Vous voyez où cela l'a conduit. Oui, dans ma conviction, ce sont les classes riches et lettrées de la société, c'est nous autres, si vous voulez, qui sommes coupables du mal qui nous menace aujourd'hui. Nous nous sommes efforcés, pendant trop longtemps, de déraciner, les uns par leur enseignement, les autres par leur exemple, de déraciner dans le cœur du peuple son ancienne foi. Il y en a substitué une autre; et cette foi consiste en quoi? A rendre ceux qui le gouvernent responsables des maux inhérents à l'humanité.

Oui, nous avons cherché trop longtemps à lui faire perdre

de vue l'explication divine des souffrances de cette vie, de l'inégalité des conditions, du travail, de la peine. Eh bien, maintenant, ayant écouté nos enseignements, il ne veut plus accepter ni cette inégalité des conditions, ni le travail, ni la peine. Nous lui avons enfin appris à ne plus attendre, à ne plus mériter sa part dans le bonheur céleste; et il en résulte qu'il réclame le bonheur sur la terre. Et il veut être heureux à nos dépens, remarquez-le bien ! A la place de cette part des espérances du ciel que nous lui avons ôtée, il demande une part dans notre patrimoine, et la plus grosse. (Vives rumeurs.) Oui, c'est ainsi que nous payons la rançon de son incrédulité. (Rumeurs.)

Eh bien, comment, encore une fois, écarter ce danger, guérir ces maux?

En plaçant la liberté du bien à côté de cette liberté du mal, qui est presque illimitée parmi nous ; en permettant à l'ancienne doctrine, à la foi chrétienne, de reprendre son empire consolateur et puissant sur les âmes et sur les esprits égarés ; en l'invitant à faire, pour l'avenir de ce grand pays, ce qu'il a fait pour le passé, sans refaire ce passé, notez-le bien, sans en refaire un atome dans l'ordre politique ; mais en lui empruntant, pour l'avenir social de ce pays, la vie qu'elle a donnée à ce passé.

Je conçois parfaitement les novateurs qui ont un système, qui croient en avoir un, qui nous le proposent ou nous le proposeront un jour, je conçois qu'ils repoussent cet ancien système, cet ancien esprit ; mais ce que je ne conçois pas, c'est que les gens qui se moquent des novateurs, des phalanstériens, ou de tous autres systèmes nouveaux, que des sceptiques, en un mot, dédaignent et méprisent également l'ancien système, l'ancien esprit, qui a seul soutenu la société pendant tant de siècles, et cela sans y rien substituer. (Marques d'approbation.)

Je leur demande comment, au moment où la France va s'embarquer sur cet océan sans limites de la démocratie, ils brisent ou laissent briser aveuglément cette boussole qui a guidé jusqu'à présent le vaisseau de l'humanité et de la France.

Remarquez bien que je ne parle pas, encore une fois, ici un langage mystique ou théologique ; je vous parle un langage politique et social.

Quand les consuls de la République française promulguaient le Concordat le 27 germinal de l'an X, ils ne parlaient pas non plus un langage mystique ou religieux ; ils disaient ceci :

« C'est au souverain pontife que l'exemple des siècles et la raison commande de recourir pour rapprocher les opinions et réconcilier les cœurs. »

Vous l'entendez, Messieurs : « l'exemple des siècles et la raison. » Je n'invoque pas autre chose ; et je dis que c'est à la religion, dont le souverain pontife est le chef, que l'exemple des siècles et la raison commandent de recourir pour rapprocher les classes, pour purifier les cœurs, et pour être parmi nous la médiatrice immortelle de toutes nos discordes. C'est la liberté qui lui servira de chemin. Je demande à la République d'entrer hardiment et franchement dans cette voie nouvelle, dans la voie de la liberté intellectuelle et morale ; je lui demande de sortir de la vieille ornière de la monarchie, où la monarchie a versé. (Mouvement.) En effet, trois monarchies successivement, depuis le commencement de ce siècle, se sont arrogé le monopole de l'enseignement, la direction des esprits, pour empêcher la liberté des cœurs et des intelligences de se faire jour. Et à quoi cette prétention leur a-t-elle servi ? L'empire l'a eue ; l'empire est tombé et n'a pas fait d'impérialistes. La restauration a manié l'instruction publique comme elle l'a voulu ; elle est tombée et n'a pas fait de légitimistes. La monarchie de juillet a dirigé à son tour pendant dix-huit années l'instruction publique ; elle a péri à son tour et n'a pas fait de dynastiques. Eh bien, je demande à la République de profiter de ce triple exemple, et de faire pour elle-même et pour la liberté ce que ces trois monarchies n'ont pas su ou n'ont pas voulu faire ; car je lui prédis que, si elle ne le fait pas, elle périra à son tour comme les trois monarchies ont péri, ou du moins elle ne fera pas plus de républicains par l'enseignement public que les trois monarchies n'ont fait de royalistes.

Si, au contraire, en entrant dans la voie nouvelle, elle brise les chaînes de la liberté intellectuelle et morale, si elle charge cette liberté de présider désormais aux destinées du peuple français, elle élèvera entre elle et le retour de la monarchie une barrière vraiment infranchissable, c'est-à-dire la reconnaissance de tous les cœurs religieux du pays et les progrès de la vertu publique. Voilà quelle pourrait être sa barrière contre le retour de la monarchie ; je n'en conçois pas de plus solide ni de plus durable. (Approbation sur plusieurs bancs.)

Je dis, en outre, qu'elle répondra encore au sentiment populaire. Les murmures dont vous m'avez entouré m'affligent; mais je ne peux pas admettre un instant qu'ils s'adressent à la cause que j'ai défendue ; ils ne s'adressent qu'à ma personne, qu'à mon inhabileté. (Non! non!) Je les accepte, et je les réclame pour moi à ce titre ; je ne les accepte pas pour la cause que j'ai mal défendue, sans doute, mais que j'ai essayé de défendre de mon mieux. (Très-bien!)

Mais je dis que cette cause est encore profondément populaire en France. Je suis convaincu que le peuple français, à l'heure qu'il est, déteste et repousse, autant qu'en 1830, l'intervention du clergé ou d'un parti religieux quelconque dans les affaires du gouvernement, de l'État. Mais je suis aussi intimement persuadé qu'il ne repousse aucunement l'intervention religieuse dans la famille, dans la morale particulière et publique, dans la société. J'en suis convaincu, et je l'affirme. (Marques nombreuses d'adhésion.)

M. MANUEL. Là-dessus, nous sommes tous d'accord.

M. DE MONTALEMBERT. Je dis que les dix-huit années qui viennent de passer ont dégagé l'Église, en France, de toute solidarité avec les dynasties ou les puissances temporelles. Le peuple ne la connaît pas assez, il ne l'écoute pas, il ne lui obéit pas, par suite de la mauvaise éducation qu'il reçoit; mais il l'aime instinctivement, il a confiance en elle, il sent qu'il a en elle une amie, et, comme je le disais tout à l'heure, une intermédiaire qui est faite pour plaider sa cause et veiller à ses plus chers intérêts. Je n'en veux pas d'autres preuves que ce qui s'est passé en France et à Paris depuis la révolution de février : au milieu de tant de luttes, de tant de mêlées, pas un coup, pas même une menace n'a porté sur l'Église. Je me trompe, un seul coup l'a frappée, vous savez lequel : c'est le coup à jamais glorieux qui a frappé l'archevêque de Paris et qui lui a donné cette mort saintement héroïque que vous avez célébrée. Permettez-moi de terminer par cette considération.

Vous savez les témoignages d'amour, de respect, d'admiration, qui ont entouré cette mort, ces obsèques, et ce cadavre triomphant au milieu des rues de notre capitale. Mais quel motif, quel sentiment a allumé dans le cœur du pays et du peuple français, cette sympathie si expressive, et si vive, et si tendre?

Croyez-vous que ce fût simplement le courage du prélat? Mais du courage, il y en avait partout et de tous les côtés dans ces jours cruels!

Croyez-vous encore que ce fût uniquement sa charité? Ah! certes, il en a montré beaucoup, il en est mort martyr; mais je n'hésite pas à le dire : beaucoup d'autres ont montré une charité sinon égale, au moins semblable à la sienne. N'en avons-nous pas vu qui mouraient comme l'archevêque, et qui, frappés par des balles insurgées, offraient au ciel un dernier vœu pour ceux qui les avaient frappés? C'étaient des généraux, c'étaient des soldats; et la même charité qui animait le cœur de l'archevêque les inspirait. Qui donc a excité, dans le cœur du peuple, pour la mort de l'archevêque, une sympathie si profonde et si spéciale? Ne craignons pas de le reconnaître : c'était la force surnaturelle d'une doctrine, d'une vérité, d'une lumière venue d'en haut, de la foi... (Exclamations et murmures à gauche.)

M. VIVIEN. Il n'est donc pas si mauvais, ce peuple!

M. DUPIN AÎNÉ. Ce n'est donc pas un peuple impie!

M. DE MONTALEMBERT. Non, mais on veut le rendre tel.

Eh bien, cette foi, cette force d'en haut, donnez-la au peuple, ou plutôt rendez-la-lui, rendez-la-lui par la liberté seule; car mon dernier mot, comme mon premier, sera en faveur de la liberté, et une protestation contre tout privilège et toute contrainte. Prenez-la donc cette foi, et rendez-la au peuple français, et cette force qui a fait trouver à l'archevêque la plus glorieuse de toutes les morts, vous fera trouver à vous, fera trouver à la France, à la République, à la société, une vie glorieuse et nouvelle, fondée sur la triple et inébranlable base du devoir, du droit et du sacrifice. (Marques d'approbation. — Mouvement prolongé.)

(Extrait du *Moniteur universel* des 1848.)

Paris. — Typographie de Firmin Didot Frères,

www.ingramcontent.com/pod-product-compliance
Lightning Source LLC
Chambersburg PA
CBHW060703050426
42451CB00010B/1251